Mary Barnard

Kühles Land

Mary Barnard

Kühles Land

Gedichte

Englisch – Deutsch

Übersetzung und Nachwort
von Walter Baumann

EDITION
Noack
Block

Umschlagabbildung: Mary Barnard als „verträumtes Schulmädchen – Alter unbekannt"

Reproduktion aller Abbildungen mit freundlicher Genehmigung von Elizabeth J. Bell

ISBN 978-3-86813-065-2

Herstellung durch Edition Noack & Block in der Frank & Timme GmbH,
Wittelsbacherstraße 27a, 10707 Berlin.
Printed in Germany.
Gedruckt auf säurefreiem, alterungsbeständigem Papier.

www.noack-block.de

MARY DE RACHEWILTZ GEWIDMET,
OHNE DEREN ANREGUNG ES DIESES
BUCH NICHT GÄBE

PLAYROOM

Wheel of sorrow, centerless.
Voices, sad without cause,
slope upward, expiring on grave summits.
Mournfulness of muddy playgrounds,
raw smell of rubbers and wrapped lunches
when little girls stand in a circle singing
of windows and of lovers.

Hearing them, no one could tell
why they sing sadly, but there is in their voices
the pathos of all handed-down garments
hanging loosely on small bodies.

SPIELRAUM

Ein Rad voll Kummer, ohne Mitte.
Stimmen, traurig ohne Grund,
über dem Berghang sind ernste Gipfel.
Das Traurige an schmutzigen Spielräumen,
der scharfe Geruch nach Gummi und verpacktem
Mittagsbrot
wenn kleine Mädchen in einem Kreis stehen und singen
von Fenstern und Liebespaaren.

Beim Zuhören kann niemand sagen
warum sie so traurig singen, aber in ihren Stimmen
ist das Elend aller übernommenen Kleider
die lose an ihren kleinen Körpern hängen.

THE FITTING

She is imprisoned among mirrors
while a trio of hags with the cold hands
of elderly dressmakers entangle,
bind and define her body with tape-measures.
They compress withered lips upon pins.

Again and again she will re-enact
this fitting. Censure will be a knuckle
shocking the flushed skin; all women
these women, their muttered words
breathing distortion upon the mirror's reflection.

The knocking of hammers comes
from beyond the still window curtain
but her hands will make nothing:
her life is confined here, in this depth,
in the well of the mirrors, on the carpet
the pulled threads, at her heel the scissors
making a soft snipping sound.

DIE ANPROBE

Sie ist gefangen zwischen Spiegeln
während ein Trio mit den kalten Händen
von ältlichen Schneiderinnen mit Bandmaß
ihren Körper umzingelt, fesselt und definiert.
Sie drücken ihre welken Lippen auf Stecknadeln.

Immer wieder wird sie diese Anprobe
nachspielen. Als Tadel eins auf die Finger bekommen
mit vor Schock errötender Haut; alle Frauen
diese Frauen, ihre gemurmelten Worte
hauchen Verzerrungen auf den gespiegelten Spiegel.

Das Hämmern kommt von
hinter der reglosen Fenstergardine
aber ihre Hände werden nichts fertigbringen:
ihr Leben ist hier eingesperrt, in dieser Tiefe,
im Schacht der Spiegel, auf dem Teppich
die losen Fäden, die Schere an ihrer Ferse
erzeugt einen leisen schnipselnden Ton.

THE ORCHARD SPRING

Not in the forest with its air of childhood—
the secret fern, the tree tops
run through with wind—
but in an orchard planted and grown
in the tradition of men,
I heard for the first time
an ancient sequence of words, a rhyme
that like the fragrance of warm grass
tempted an illusive appetite
but seemed meaningless.

A doorsill was buried in the dew
of a steep orchard: from what quarter
did the difference come
to unsettle that room?
A twelfth-century nightingale
half-heard, still, in the western coast range
of the continent, troubles
the dreams of little green children.

Doves, gold rings, words
out of the English island.
Fresh delight of rain on our hillsides
and the earth answering with springs.

DIE OBSTGARTENQUELLE

Nicht im Wald mit seinem Hauch von Kindheit –
dem stillen Farnkraut, den Baumkronen
durchweht vom Wind –
sondern in einem Obstgarten gepflanzt und wachsend
nach Menschenart,
hörte ich zum ersten Mal
eine uralte Reihe von Wörtern, einen Reim
der wie der Duft von warmem Gras
ein trügerisches Verlangen erweckte
jedoch sinnlos schien.

Eine Türschwelle war verborgen im Tau
eines steilen Obstgartens: aus welcher Richtung
kam der Unterschied
um jenen Ort zu erschüttern?
Eine Nachtigall aus dem zwölften Jahrhundert
noch immer halbgehört im westlichen Küstengebirge
des Kontinents, beunruhigt
den Traum kleiner grüner Kinder.

Tauben, Goldringe, Worte
von der englischen Insel.
Neue Wonne des Regens auf unseren Abhängen
und die Erde antwortet mit Quellen.

SHORELINE

The sea has made a wall for its defence
of falling water. Those whose impertinence
leads them to its moving ledges
it rejects. Those who surrender
it will with the next wave drag under.

Sand is the beginning and the end
of our dominion.

The way to the dunes is easy.
The shelving sand is stiffened in the rain
and loosened again in the sun's fingers.
Children, lustful of the glistening hours,
drink and are insatiate. Wind under the eyelids,
confusion walling the ears, their bodies glow
in the cold wash of the beach.
        And after,
they walk with rigid feet the planked street of the town.
They miss the slipping texture of the sand
and a sand pillow under the hollow instep.
They are unmoved by fears
that breed in darkening kitchens at sundown
following storm, and they rebel
against cold waiting in the wind and rain
for the late sail.

DIE STRANDLINIE

Das Meer hat zu seiner Verteidigung eine Mauer gegen das
stürzende Wasser gebildet. Jene Unverschämten, die es
an seine beweglichen Kämme lockt
wirft es zurück. Jene, die aufgeben
zieht es mit der nächsten Welle in die Tiefe.

Sand ist Anfang und Ende
unseres Bereichs.

Der Weg zu den Dünen ist leicht.
Der aufgeschichtete Sand wird im Regen steif
und löst sich in den Fingern der Sonne wieder auf.
Kinder, begierig auf strahlende Stunden,
trinken und haben nie genug. Wind unter den Augenlidern,
Wirrwarr vermauert die Ohren, ihre Körper glühen
in der kalten Brandung am Strand.
        Und nachher
laufen sie mit starren Füßen auf dem Holzsteg der Stadt.
Sie vermissen das Gleiten im Sand
und das Sandkissen unter den hohlen Füßen.
Sie spüren nicht die Angst
die in den dunkelwerdenden Küchen bei Sonnenuntergang
brütet
nach dem Sturm, und sie rebellieren
gegen das kalte Warten in Wind und Regen
auf das verspätete Schiff.

Did you, as I,
condemn the coastal fog and long for islands
seen from a sail's shadow?
The dunes lie
more passive to the wind than water is.
This, then, the country of our choice.
It is infertile, narrow, prone
under the dome of choral sound:
water breaking upon water.

Litter of bare logs in the drift—
the sea has had its sharp word with them.
Wild roses, wild strawberries cover the dune shoulder.
It is a naked restless garden that descends
from the crouched pine
to shellfish caught in flat reflecting sands.

We lose the childish avarice of horizons. The sea ends
against another shore. The cracked ribs of a wreck
project from the washed beach.
Under the shell-encrusted timbers
dripping brine
plucks at the silence of slant chambers
opening seaward. What moving keel remembers
such things as here are buried under sand?

Hast du auch, wie ich,
den Küstennebel gehasst und dich gesehnt nach Inseln
die man im Schatten eines Segels siehst?
Die Dünen sind
im Wind weniger aktiv als das Wasser.
Dies ist also das Land unserer Wahl.
Es ist unfruchtbar, schmal, oft
unter einem Gewölbe mit Chorgesang:
Wasser bricht sich an Wasser.

Abfall aus entblößtem, angeschwemmtem Treibholz –
das Meer hat ihm mit scharfen Worten zugesetzt.
Wilde Rosen, wilde Erdbeeren bedecken die Schulter der Düne.
Es ist ein ungeschützter ruheloser Garten, der herabkommt
vom buckligen Tannenwald
zu den im flachen Sand widerspiegelten Muscheln.

Wir verlieren die kindliche Gier nach Horizonten. Das Meer endet
an einem anderen Ufer. Das zerbrochene Gerippe des Wracks
sticht hervor aus dem gesäuberten Strand.
Unter dem muschelbedeckten Holz
rupft das Salzwasser
an der Stille der meerwärts sich öffnenden
abgeschrägten Kammern. Was für ein beweglicher Kiel erinnert sich
an Dinge, die hier unter Sand begraben sind?

The transitory ponds and smooth bar slide
easily under the advancing tide,
emerging with the moon's
turning.

Clear lagoons
behind the shattered hulk, thin
movement of sea grass on the dune rim
bending against cloud, these things are ours.
Submissive to the sea and wind,
resistful of all else, sand
is the beginning and the end
of our dominion.

Die kurzzeitigen Pfützen und die glatte Sandbank schlüpfen
mühelos unter die nahende Flut,
und tauchen wieder auf mit dem Wandel
des Monds.

Ungetrübte Lagunen
hinter dem zerschmetterten Schiffsrumpf, spärlich
bewegt sich das Seegras auf dem Dünenkamm
und biegt sich gegen das Gewölk, diese Dinge gehören uns.
dem Meer und dem Wind unterworfen,
allem sonst widerstrebend, Sand
ist Anfang und Ende
unseres Bereichs.

COOL COUNTRY

This green is the pod,
the enveloping color of our triangular valleys
where rivers still young spring
from the coast range into salt estuaries.

Mist blown between promontories
saturates the earth's every crevice,
making the grass deep and sweet in all seasons
and the forest heavy.

From these come the red cheeses,
the apricot-colored lumber, deckloads
moving into the green like lanterns.
The pod is broken for vermilion steaks of the salmon,
the chill wave itself opened
for the red-ripeness of harvest.

KÜHLES LAND

Dieses Grün ist die Hülse,
die umhüllende Farbe unserer dreieckigen Täler
wo noch junge Flüsse vom Küstengebirge
zu salzigen Mündungen fließen.

Nebel verweht zwischen Landzungen
dringt in jeden Spalt der Erde,
lässt zu jeder Jahreszeit das Gras tief und süß werden
und den Wald dicht.

Von dort kommt der rote Käse,
das aprikosenfarbige Holz, in Ladungen
die sich wie Laternen durch das Grün bewegen.
Die Hülse platzt für zinnoberrote Lachsschnitzel,
selbst die kühle Welle öffnet sich
für die rote Reife der Ernte.

ROOTS

Rain on the windshield,
roads spongy with sawdust
have meant in the end
a love of place that grows into the body.
Blood should be clear amber under tree bark.

Lacking that, there are the roads
extending like root tendrils
under the angles of mountains,
rain sharpening on the windshield at evening.

WURZELN

Der Regen auf der Windschutzscheibe,
Fahrwege aufgeweicht vom Sägemehl
führten schließlich
zu einer Liebe für die Gegend, die in den Körper wächst.
Blut sollte so klar sein wie Bernstein unter der Baumrinde.

Fehlt es daran, sind da die Fahrwege
die sich wie rankende Wurzeln
unter den winkligen Bergen ausdehnen,
abends wird der Regen auf der Windschutzscheibe
kräftiger.

THE AXE

The axe lies in shadow at the house-root,
hoarding its sharpness, menacing
as a nervous fang. Pause to search it out
while the eyes drink in darkness, then step
carefully away from it into chips
by the frayed block, remembering:

how when the old lady drew off her gloves I saw,
in spite of myself, the three finger-stumps,
the sight cloaking me with a sickness.

Sheer off, back of the chimney. Creep
over the wheelbarrow; keep clear of it.
If ever I have not enough kindling,
and the fire dies, I shall
have to go cold.

But the woodcutter praises God for his fine days
in heavily-barked ricks by the wood-road.
The two tracks bright with chips
meander through fern. His axe is the laughter
made where hill wraps against hill.
The swing of the axe-head in its arc
has threaded his shoulders.
Ha! and the sound is tossed back, hill
to hill. Steel strikes a deep wound—
Ha! and the bearded lips of the hills

DIE AXT

Die Axt liegt im Schatten der Hauswurzel,
mit ihrer Schärfe auf Vorrat, bedrohlich
wie ein aufgebrachter Reißzahn. Zögernde Untersuchung
indes die Augen die Finsternis aufnehmen, dann ein
vorsichtiges Wegtreten in die Späne
beim abgenutzten Holzklotz, mich erinnernd:

wie, als die alte Frau die Handschuhe auszog, ich
gegen meinen Willen, die drei Fingerstummel sah,
von deren Anblick es mir übel wurde.

Schnell weg, in die Kaminecke. Kriech
über die Schubkarre; bleib weg davon.
Wenn ich je nicht genug Anzündholz hätte
und das Feuer ausginge, würde
ich die Kälte ertragen müssen.

Aber der Holzfäller lobt Gott für seine schönen Tage
in den stark mit Baumrinde verschalten Hütten an der
Waldstraße.
Mit den zwei von Holzschnitzeln erhellten Fahrrinnen,
die sich durch das Farnkraut schlängeln. Seine Axt ist das
Gelächter
wo Hügel sich an Hügel drängt.
Der kreisrunde Schwung der Axtschneide
hat seine Schultern zum Gewinde gemacht.
Ah! und der Schall wird zurückgeworfen, von Hügel
zu Hügel. Der Stahl schlägt eine tiefe Wunde –
Ah! Und die bärtigen Lippen der Hügel

are cracked with laughter—O, it's the merry axe-blade.
Carry, you with the weak wrists, your ten
long cold fingers tucked in a shawl
up basement stairs. Hark! It's the merry axe-blade!

platzen vor Lachen – O, es ist die fröhliche Axtschneide.
Du mit den schwachen Handgelenken, stecke deine zehn
langen kalten Finger in einen Schal
die Kellertreppe hinauf. Horch! es ist die fröhliche
Axtschneide!

THE RAPIDS

No country is so gracious to us
as that which kept its contours while we forgot them,
and whose valleys closed under receding hills,
open to our return.

The water we saw broken upon the rapids
has dragged silt through marshland
and mingled with the embittered streams of the sea.
One might have kept sweet pailsful and kept nothing.

But the ungatherable blossoms floating by the same rock,
the chisel marks on a surface in full flight
have flung light in my face, have made promises
in unceasing undertones.

DIE STROMSCHNELLEN

Kein Land ist uns so gnädig
wie jenes, das seine Umrisse bewahrt hat, während wir sie vergaßen,
und dessen Täler, verschlossen von Hügeln,
bei unserer Rückkehr offenstehen.

Das Wasser, das wir aufgewühlt in den Stromschnellen sahen
hat Schlick durch das Moorland geschleift
und sich mit der verbitterten Strömung des Meers vereint.
Man hätte ganze Eimervoll zurückhalten können und doch nichts davon gehabt.

Doch die nicht zu pflückenden Blüten, die an denselben Felsen vorbeischwimmen,
die Spuren des Meisels auf einer dahinfliegenden Oberfläche
haben Licht in mein Gesicht geworfen, habenVersprechen abgegeben
mit einem unaufhörlichen Unterton.

LOGGING TRESTLE

Neither cloud nor rain casts
a chill into the valley
like that of a trestle fallen into disuse.

The rails move out from the hillside
across the piling lengthening its stroke
where ground slopes riverward.

Abruptly, the rails terminate.
Sky opens between the cross-ties lifted
each upon five upright timbers. The gray wood

leads the eye to nothing further.
The broken column stands against the cloud
as though an abandoned wharf extended into wind.

DIE HOLZBOCKBRÜCKE

Weder Wolke noch Regen werfen
so viel Kälte ins Tal
wie eine Holzbockbrücke außer Betrieb.

Das Gleis kommt vom Hügel her
verlängert seinen Lauf über die Pfähle
wo der Boden zum Fluss abfällt.

Ganz plötzlich hört das Gleis auf.
Der Himmel öffnet sich zwischen den gelösten
Bahnschwellen
jede auf fünf senkrechten Balken. Das graue Holz

führt das Auge zu nichts Weiterem.
Die gebrochene Säule lehnt sich gegen eine Wolke
wie wenn sich ein verlassener Kai in Wind auflöst.

HIGHWAY BRIDGE

When a hill stream enters a river at flood
it is abashed into stillness, welling
between grass blades and small clover.
Its surface becomes the green of leaves obstructing light,
tranquil between piers.

Although the bridge has a purpose other
than the quiet under it, a peace
exploded by the rapid wheels overhead,
after their passage this that we thought shattered
absorbs the falling fragments of sound.
There is a deeper silence than before
where two ruts dip under the river's border
and do not reappear.

DIE BRÜCKE DER FERNSTRASSE

Wenn ein Bächlein zu einem Fluss mit Hochwasser kommt
steht es beschämt still und quillt
dahin zwischen Grashalmen und kleinem Klee.
Seine Oberfläche wird zum lichtschluckenden Blattgrün,
beruhigt zwischen Pfeilern.

Zwar hat die Bücke noch einen anderen Zweck
als die Ruhe unter ihr, einen Frieden der
detoniert wird von den schnellen Rädern auf ihr.
Nach ihrer Durchfahrt wird, was wir als zerbrochen hielten
von den fallenden Lärmsplittern aufgesaugt.
Es herrscht eine tiefere Stille als zuvor
als dort wo zwei Wagenspuren unter dem Flussufer
versinken
und nicht wiederauftauchen.

PLANKS

Footsteps upon fine gravel drop into silence
like pebbles into water at close intervals.
Circles of air break on the dark mountains.

Strange how hard it is to balance
in the pit of the evening, distances
spreading upward, making the head light.
But walking feet have their own pleasure,
touching rhythmically the hard earth.

Dry planks lying under the bank attract them.
The moment is completed neither
by fragrance of wild lilac, nor by
the presence of the darkening river,
but by the feel of wood underfoot
and the sound of stepping upon thick planks.

BRETTER

Schritte auf feinem Kiess versinken in die Stille
wie Kiesel, die schnell nacheinander ins Wasser fallen.
Luftringe brechen auf den dunkeln Bergen entzwei.

Seltsam wie schwer es ist, sich zurecht zu finden
mitten am Abend, Entfernungen
erstrecken sich aufwärts, nehmen dem Kopf die Schwere.
Doch laufende Füße haben ihr eigenes Vergnügen,
und berühren rhythmisch die harte Erde.

Trockene Bretter unter dem Damm ziehen sie an.
Der Augenblick ist weder durch den Duft
des wilden Flieders vollkommen, noch durch
die Gegenwart des dunkler werdenden Flusses,
sondern durch das Gefühl fürs Holz in den Füßen
und durch den Ton des Schreitens auf den dicken Brettern.

THE RIVER UNDER DIFFERENT LIGHTS

1. THE GORGE

Light has the dull luster of pewter
and the clouds move sidewise clawing the tops of the
crags,
resting their soft gray bellies
briefly in high valleys.

Foam, plowing against the rapids
gathers all brightness.

DER FLUSS IN VERSCHIEDENER BELEUCHTUNG

I. DIE SCHLUCHT

Das Licht hat den matten Glanz von Zinn
und die Wolken bewegen sich seitwärts und krallen sich an
den Felszacken fest,
im Hochtal ruhen sie kurz
ihre weichen grauen Bäuche aus.

Der Schaum, der die Stromschnellen durchpflügt
erntet allen Glanz für sich.

2. THE SHIP

A ship that passes inland between mountains
moves as though resting from the sea's labor.

Riders in the fogging buses peer
at snatches of river between madrona and fir,
at the prow of a white vessel
dividing reflected forests:
a gesture compact with stillness.

2. DAS SCHIFF

Ein Schiff, das im Landesinnern zwischen Bergen verkehrt
bewegt sich, wie wenn es ausruhen würde von der Mühsal
des Meers.

Die Passagiere in den Busen mit beschlagenen Fenstern
starren
auf Bruchstücke des Flusses zwischen Erdbeerbaum und
Föhre,
auf den Bug eines weißen Schiffs
der die gespiegelten Wälder teilt:
ein Emblem tiefster Stille.

3. THE ESTUARY

Where fresh water meets salt
a single wave shears
the fog with a slow edge
lifted by tide or current or
hull's pressure.

Nothing is sure, neither
tide, season, nor hour
in this flux of stream and ocean,
daylight and fog,
where only the fish,
a secret presence, move
surely on spring's errand.

3. DIE MÜNDUNG

Wo Süßwasser dem Salz begegnet
zerschneidet eine einzige Welle
den Nebel mit einem langsamen Schnitt
gehoben von der Flut oder Strömung oder
dem Druck eines Schiffsrumpfs.

Gewiss ist nichts, weder
Ebbe noch Flut, weder Jahreszeit, noch Stunde
in diesem Wandel von Fluss und Meer,
Tageslicht und Nebel,
wo nur die Fische,
eine geheime Gegenwart, sicher
den Auftrag des Frühlings erfüllen.

1 Foto für The Columbian (Vancouver) 1988. Foto Mark Steel

2 Mary Barnard als Studentin.
Aus der Yale-Sammlung zur amerikanischen Literatur.

STORM

A vessel is breaking in half under the headland.
The ocean is swollen with storm and the lives
of the drowned men. Foam drawn over them.

Above my left eye a pain burrows.
Conspirator, awaiting dangerous weather,
if I were there, you would be suffocation,
pain and the ocean obliterating each other.

The radio brings Bach from Philadelphia.
Closer within than sickness and outside death
the well-plumed music drives beyond the lighthouses
towards the extreme coastland—

ἀκτὰν πρὸς ἑσπέρου θεοῦ

        On our beaches
dead sea birds under yellow curds of foam.

STURM

Unter dem Kap bricht ein Schiff auseinander.
Die See ist angeschwollen vom Sturm und dem Leben
der Ertrunkenen. Schaum überzieht sie.

Über meinem linken Auge wühlt ein Schmerz.
Ein Verschwörer, der auf gefährliches Wetter wartet.
Wäre ich dort, würdest du Erstickung bedeuten,
Schmerz und Meer würden einander auslöschen.

Das Radio überträgt Bach aus Philadelphia.
Drinnen der Krankheit nahe und draußen dem Tod
treibt die wohlgefiederte Musik über die Leuchttürme
hinaus
der letzten Küste entgegen –

ἀκτὰν πρὸς ἑσπέρου θεοῦ

Auf unseren Stränden
tote Meeresvögel im gelben Gerinnsel aus Schaum.

JOURNEY

MORNING:

        a silent singing (a vibration
over the trickling dawn-music of creek water
as earth tilts ripple and pool eastward)
awakes in air
stirred yet quiet, tense with shadow
stretched through the valley until the sun
rising crumbles the mountain rim in flame.

For joy of it, water sparkles,
fire pales, bridge planks and grass are warm.
Sun up to sun down, sun up to

DIE REISE

AM MORGEN:

ein tonloses Singen (ein Beben
über der tröpfelnden Dämmerungs-Musik des Wassers im
Bach
wenn die Erde das Plätschern und den Teich ostwärts kippt)
erwacht in der Luft
wach doch still, mit dichtem Schatten
im ganzen Tal, bis die aufgehende
Sonne die Bergkante in Flammen auflöst.

Das Wasser funkelt vor Freude,
das Feuer verblasst, die Bretter der Brücke und das Gras
sind warm.
Vom Sonnenaufgang zum Sonnenuntergang, Sonne
herauf bis

AFTERNOON:

        let water weave on some snow slope
an umbrella of cloud, a screen of itself, for
itself, of rain. The sun licking
the stream splashes
scalding light into shade, invades
the under surface of bridge and leaf
and shrivels water at root source and stem.

Heat pants from the rocks while earth
embraced in the sun's tyranny
tilts downward, eastward, away, towards

AM NACHMITTAG:

lasst das Wasser auf einer Schneehalde
einen Schirm aus Wolken weben, eine Trennwand ihrer
selbst, für
sich selber, aus Regen. Die Sonne leckt
der Bach spritzt
verbrüht Licht zu Schatten, überfällt
die Unterseite der Brücke und des Blatts
und zieht das Wasser aus Wurzel und Stamm.

Die Hitze hechelt aus dem Fels, indes die Erde sich
umarmt von der Tyrannei der Sonne
nach unten neigt, ostwärts, fort, gegen

EVENING:

    heat lingers. Air is tepid.
Darkness comes so slowly even in these deep canyons.
But night falls and the water's own breath,
cool, rises now,
rises towards the mountain walls
bare to the hidden moon, white
with moonlight. Far moon, cold light, memory

moving across the mountain's face,
pantomiming dawn-to-twilight
journeys from twilight till dawn.

AM ABEND:

die Hitze bleibt. Die Luft ist lauwarm.
Die Dunkelheit kommt ganz langsam sogar in diesen
tiefen Schluchten.
Doch es bricht die Nacht herein, und der wassereigene
Atem,
kühl, steigt jetzt,
steigt gegen die Bergwände
nackt für den verborgenen Mond, weiß
vom Mondlicht. Ferner Mond, kaltes Licht, Erinnerung

zieht über das Antlitz des Bergs
ahmt Dämmerung und Zwielicht nach
die Reise vom Zwielicht bis zur Dämmerung.

ENCOUNTER IN BUFFALO

The country lies flat, expressionless as the face of a stranger.
Not one hillock shelters a buried bone. The city:
a scene thin as a theatre backdrop, where no doors open,
no streets extend beyond the view from the corner.

Only the railroad embankment is high, shaggy with grass.
Only the freight, knuckling a red sun under its wheels,
drags familiar box-car shapes down long perspectives
of childhood meals and all crossings at sunset.

With a look deep as the continent, with the casual greeting
of those who will meet again, it bestrides the viaduct.
Its span is the span of trestles above mountain gorges,
its roar the echo of streams still wearing away stone.

BEGEGNUNG IN BUFFALO

Das Land ist flach, ausdruckslos wie das Gesicht eines
Fremden.
Kein Hügel bewahrt begrabene Knochen auf. Die Stadt:
ein Anblick dünn wie eine Theaterkulisse, wo keine Tür
aufgeht,
keine Straße den Blick über die Ecke hinaus freigibt.

Nur der Bahndamm ist hoch, mit struppigem Gras.
Nur der Güterzug, der eine rote Sonne unter seine Räder
drückt,
zieht die vertraute Form der Güterwagen aus der langen
Sicht
von Kindergerichten hervor und alle abendlichen
Überfahrten.

Mit einem Blick tief wie der Kontinent, mit flüchtigem
Gruß
von denen, die man wieder trifft, schwingt er sich über
den Viadukt.
Seine Länge ist die Länge von Bockbrücken über
Bergschluchten,
sein Brausen ist das Echo von Flüssen, die noch immer
Gestein abtragen.

NOTE TO A NEAPOLITAN

On shipboard or in Naples
Miranda still walked on her island.
The palace floors ebbed from her private beaches.
Thought, that could not swim,
Found no footing but on memory.

There is a green place in my mind
that paccs my mind's conceptions.
The farthest-ranging of them
run with that colored shadow
under their sandals.
It gives them a foreign look
in brown places and gray places.

And Miranda emptied her shoes
of little pools of sand.

NOTIZ ÜBER EINE NEAPOLITANERIN

An Bord oder in Neapel
war Miranda immer noch auf ihrer Insel.
Die Palastböden ebbten hinab zu ihren Privatstränden.
Der Gedanke, der nicht schwimmen konnte,
fasste nirgendwo Fuß außer im Gedächtnis.

Es gibt in meinem Kopf einen grünen Ort
wo meine geistigen Vorstellungen zirkulieren.
Diejenigen unter ihnen, die am weitesten schweifen
laufen mit jenem farbigen Schatten
unter den Sandalen.
Er verleiht ihnen ein fremdes Aussehen
an braunen und an grauen Orten.

Und Miranda leerte aus ihren Schuhen
kleine Sandlachen.

SUGGESTED MIRACLE

The fishing boats lie on the spring flood,
one motor awakening over the water, and soon quieted.
Fishing looks an idle occupation,
idle as mine: gillnetting
at the confluence of two rivers
for fish of two colors.

My townspeople, my acquaintance, may I
lower you under the river
nose to nose with the salmon?
The silver and red fish of my catch
do not tempt you. Salmon would be a preferable food
if interviewed before eaten.

VORSCHLAG ZU EINEM WUNDER

Die Fischerboote liegen auf der Springflut,
ein Motor erwacht über dem Wasser, und wird bald wieder still.
Das Fischen scheint eine müßige Beschäftigung,
müßig wie die meine: mit Stellnetz
wo zwei Flüsse zusammenkommen
nach zweifarbigen Fischen.

Meine Mitbürger, mein Bekannter, darf ich
Sie hinunterlassen unter diesen Fluss
hautnah bei den Lachsen?
Die silbernen und roten Fische meines Fangs
machen Sie nicht an. Lachs wäre eine bevorzugte Speise
wenn er vor dem Essen ein Interview gäbe.

CARILLON

In the morning, early, sitting
eating our loaves on weedgrown milestones
at the edge of the city, we hear the bells
swinging, challenging the attentive air.

The four-leaved pattern of a quarter hour
unfolds its conundrum; oh what
will the day bring? What, when the bells
ring evening, will we remember?
Of hours and quarter hours, which
will be honey-tongued? Which echo
in the stroke of all hours forever?

At twilight the sphinx in the bell tower
answers her riddle, ringing: Remember?
Remember wondering: oh what will the day bring?

DAS GLOCKENSPIEL

Am Morgen, in der Früh, essen wir
sitzend unsre Brote auf unkrautüberwachsenen
Meilensteinen
am Rand der Stadt, wir hören wie die Glocken
schwingen, und die aufmerksame Luft herausfordern.

Das vierblättrige Muster einer Viertelstunde
schließt ihr Rätsel auf; oh was
bringt wohl der Tag? An was, wenn die Glocken
den Abend einläuten, erinnern wir uns?
An Stunden und Viertelstunden, welche
wird die honigsüße sein? Welches Echo
von allen Stundenschlägen wird das ewige sein?

Im Dämmerlicht gibt die Sphinx im Glockenturm
Antwort auf ihr Rätsel, läutend: erinnerst du dich?
Erinnerst du dich zu fragen: oh was bringt wohl der Tag?

THE SPRING

The water whispers in a quick
flow out from under a boulder
to moisten the thick-standing mint.

It fills the pond, goes down over
the spillway and under the road.
It fills another small pond, then

falls quickly away between tall
cottonwoods, a mere trickle still,
to find its fate in the river.

Nameless, it has two little ponds
to its credit, like a poet
with two small collections of verse.

For this I celebrate it.

DIE QUELLE

Das Wasser flüstert in schnellem
Lauf unter dem Felsblock hervor
um die dichtstehende Minze zu befeuchten.

Es füllt den Teich, fließt durch
den Überlauf und unter der Straße durch.
Es füllt noch einen kleinen Teich. Dann

läuft es schnell weg zwischen hohen
Pappeln, immer noch ein Rinnsal,
das im Fluss sein Verhängnis findet.

Namenlos, hat es zwei kleine Teiche
zu seinen Gunsten, wie ein Dichter
mit zwei kleinen Bändchen Lyrik.

Deshalb ehre ich es.

TWO VISITS

I.E.P.: MARTINSBRUNN, 1961

It is an old shaman
with his hair long, his face
laid bare to the bone.

The masks have all slipped off
except a death-mask stark
as marble; his hands are warm.

The eyes, alive, look sharply
from the skull but distantly as
if from the moon's deadlands

where he has been, possessed
ghosts, and they him: his jaws
unhinged by death will sing.

ZWEI BESUCHE

I.E.P.: MARTINSBRUNN, 1961

Es ist ein ganz alter Schamane
mit langem Haar, sein Gesicht
entblößt bis auf die Knochen.

Die Masken sind alle abgefallen
außer einer Totenmaske, erstarrt
wie Marmor; die Hände sind warm.

Die Augen, noch lebendig, blicken scharf
aus dem Schädel, doch aus der Ferne
wie aus toter Mondlandschaft,

wo er gewesen ist, im Besitz von
Geistern, und sie von ihm: seine Kiefer
ausgerenkt vom Tod, werden weiter singen.

2.E.P.: SANT' AMBROGIO, 1964

Names make news, and today the name
is the Possum's, the nickname audible
even in the drumroll from overseas.

Drums, and trumpets, and all that folly—
or so it seems here on the silent hill,
climbing the wet stones of the *salita.*

The firm old feet, soft-shod, go up before me
as quietly as rain falls on the olive leaves,
the eye and the sea both distant and still
as if we were standing high, high on Parnassus.

2.E.P.: SANT' AMBROGIO, 1964

Namen liefern Nachrichten, und heute ist es der
von Possum, dem Spitznamen, den man sogar
im Trommelwirbel aus Übersee hört.

Trommeln und Trompeten, und all das Zeug –
oder so scheint es hier auf dem stillen Hügel,
beim Aufstieg auf den nassen Steinen der *Salita.*

Die sichern alten Füße, auf weichen Sohlen, gehen mir
voran
so ruhig wie Regen auf die Olivenblätter fällt,
die Augen und das Meer sind beide fern und still
wie wenn wir hoch oben auf dem Parnassus stünden.

ANADYOMENE

This is confusion of sea mist,
a white clot of it, bred of uncertain weather.

A cloud, that has no skeleton,
skin, lips, or any defined
outline, could not
moving feel more wonder,
moving without volition
towards the bare mountain.

See where the sunlit headland
changes! Light-dazzle on rock fades
and shadow softens. Cliffs, rising,
widen in encircling vapor—
cloudself, a nothingness which
touching the warm stone
distils radiance.

Far down, the sea,
loud on the rocks.

ANADYOMENE

Dies ist ein Durcheinander von Nebel auf der See
ein weißer Klumpen davon, erzeugt vom unsicheren Wetter.

Eine Wolke, die kein Skelett,
keine Haut, Lippen oder weitere feste
Umrisse hat, könnte in Bewegung
kein Wunder mehr erleben,
da sie willenlos dahinzieht
gegen den nackten Berg.

Schau wie das besonnte Kap
sich verändert! Das blindmachende Licht am Fels vergeht
und die Schatten werden weicher. Die Klippen, sie steigen,
verbreitern sich im kreisenden Dunst –
das Selbst der Wolke, ein Nichts das
wenn es den heißen Stein berührt
Strahlen ausschickt.

Weit unten, das Meer,
lautstark auf den Felsen.

HEIGHT IS THE DISTANCE DOWN

What's geography? What difference what mountain
it is? In the intimacy of this altitude
its discolored snowfields overhang half the world.

On a knife rim edge-up into whirlpools of sky,
feet are no anchor. Gravity sucks at the mind
spinning the blood-weighted body head downward.

The mountain that had become a known profile
on the day's horizon is a gesture of earth
swinging us above falling spaces, above
a map of the world. Disturber of the unseen,
provoker of the gusts in which we bend
struggling against destruction gaping eastward.
The wind fails. The breath held. The illusion of death.
The resisting shoulder unopposed lurches
west in innocent still air, as steep, as deep.

DIE HÖHE IST DIE ENTFERNUNG NACH UNTEN

Was ist Georgraphie? Was macht es aus, welcher Berg
es ist? Im intimen Bereich dieser Höhe
decken die verfärbten Schneefelder die halbe Welt zu.

Auf Messers Schneide nähere dich dem Strudel des
Himmels,
die Füße sind kein Anker. Die Schwerkraft saugt am Gehirn
und dreht den blut-gewichtigen Körper nach unten.

Der Berg, der ein bekannter Umriss
am Tageshorizont geworden war, ist eine Geste der Erde
die uns über abfallende Orte schwingt, über
eine Karte der Welt. Störenfriede des Ungesehenen,
Provokateure der Böen in denen wir uns krümmen
kämpfend gegen die im Osten gähnende Vernichtung.
Der Wind lässt nach. Hält den Atem an. Das Trugbild des
Todes.
Die widerstandleistende Schulter taumelt ohne Gegenwehr
westwärts in schuldloser ruhiger Luft, so steil, so tief.

MIDNIGHT

Now the dead lend us
peace for the dark hours.

At midnight the never-to-awaken
sleep lightly; yet those who lay
in love at death-fall have quiet to lend.

Only the murdered must walk.
The murderer clutches at sleep
as at scant covers; wakes chilled.

Come, now,
Comes now death-lent oblivion. I love
her who died unknown to me.
I adjust my bones to the composure
of hers.
Peace fall on my exile
from hers.

UM MITTERNACHT

Jetzt verleihen uns die Toten
Frieden für die dunkeln Stunden.

Um Mitternacht schlafen die Nieaufwachenden
leicht; jene jedoch, die wenn der Tod kommt
sich geliebt haben, können Ruhe verleihen.

Nur die Ermordeten müssen laufen.
Der Mörder greift nach dem Schlaf
wie nach dürftiger Decke, erwacht unterkühlt.

Komm jetzt,
komm jetzt vom Tod geliehenes Vergessen. Ich liebe
sie, die ohne mein Wissen starb.
Ich richte meine Knochen nach der Anordnung
der ihren.
Der Frieden komme in mein Exil
von ihrem.

THE FIELD

Sweep the mind
        clean
like a field of dry stubble
when the constellations
of daisies have been mown.

Let it be lit by stars
rooted outside the seasons …

To the flesh of the field
alive with worm and seed
tomorrow is in the night wind;
while drought or rain
spirals towards earth
mortal stirrings demand
horoscopes of the stars.

Weather is all.

DER ACKER

Fegt den Geist
        sauber
wie ein trockenes Stoppelfeld
wenn das Sternbild
der Gänseblümchen gemäht ist.

Lasst es von Sternen beleuchtet sein
verwurzelt außerhalb der Jahreszeiten …

Zum Fleisch des Ackers
wimmelnd von Würmern und Samen
das Morgen ist im Nachtwind
während Dürre oder Regen
sich zur Erde wendet
die Regungen der Sterblichen verlangen nach
Horoskopen der Sterne.

Das Wetter ist alles.

CROSSROADS

Rotting in the wet gray air
the railroad depot stands deserted under
still green trees. In the fields
cold begins an end.

There were other too-long-postponed departures.
They left, finally, because of well water
gone rank, the smell of fungus, the chill
of rain in chimneys.

The spot is abandoned even in memory.
They knew, locking doors upon empty houses,
to leave without regret is to lose
title to one home forever.

SCHEIDEWEGE

Verrottend in der feuchten grauen Luft
steht die Bahnstation verlassen unter
noch grünen Bäumen. In den Äckern
hat die Kälte mit dem Ende begonnen.

Es gab noch andere viel zu lange verschobene Abschiede.
Sie gingen schließlich, weil das Quellwasser
ranzig geworden war, der Schimmel stank, und wegen der Kälte
des Regens in den Kaminen.

Der Ort ist selbst im Gedächtnis aufgegeben.
Sie wussten, als sie die Türen im leeren Haus verschlossen,
dass wer ohne Bedauern wegzieht
das Anrecht auf ein Heim für immer verliert.

STATIC

I wanted to hear
Sappho's laughter
and the speech of
her stringed shell.

What I heard was
whiskered mumble-
ment of grammarians:

Greek pterodactyls
and Victorian dodos.

STATISCH

Sapphos Lachen
wollt ich hören
und die Sprache
ihrer besaiteten Muschel.

Was ich hörte war
das schnurrbärtige Ge-
murmel der Grammatiker:

Griechische Pterodaktylen
und viktorianische Dronten.

3 Beim Besuch eines ihrer Kindheitswohnorten im Mai 2000

4 Liest aus A Few Poems am Reed College 1952. Foto: John Ellis

LETTER FROM BYZANTIUM

If you aren't Green, the Greens
will beat you up; if you aren't Blue,
the Blues will smash your shop.
The Emperor won't put a stop
to it. He belongs to the Greens.

If you don't care who wins, it means
you don't care, whoever kills
you: no doubt they both will.

Men have died bloodily in the past.
It has to happen, Priam said, so that
great poets may have stories to tell.

In the year One Nine Nine Two
a scholarly dissertation on Green and Blue
will be written, not published.
Only the author will care then what the row
was about and nobody will care more
for chariot racing than I do now.

BRIEF AUS BYZANZ

Wenn du kein Grüner bist, werden die Grünen
dich zusammenschlagen, wenn du kein Blauer bist,
schlagen die Blauen deinen Laden in Stücke.
Der Kaiser wird es nicht abstellen
Er gehört zu den Grünen.

Wenn es dir gleich ist wer gewinnt, bedeutet das
dass es dir nichts ausmacht, wer dich
tötet: ohne Zweifel werden es beide tun.

Menschen sind früher auch blutig umgekommen.
Es muss geschehen, sagte Priamos, damit
große Dichter Geschichten zu erzählen haben.

Im Jahr eins neun neun zwei
wird eine wissenschaftliche Dissertation über die Grünen
und Blauen
geschrieben werden, nicht veröffentlicht.
Nur dem Autor wird es nicht egal sein, worüber
gestritten wurde, und niemand wird sich mehr
für Streitwagenrennen interessieren als ich's jetzt tue.

FAWN

Out of a high meadow where flowers
bloom above clouds, come down;
pursue me with reasons for smiling without malice.

Bring mimic pride like that of the seedling fir,
surprise in the perfect leg-stems
and queries unstirred by recognition or fear
pooled in the deep eyes.

Come down by regions where rocks
lift through the hot haze of pain;
down landscapes darkened, crossed
by the rift of death-shock; place print
of a neat hoof on trampled ground
where not one leaf or root
remains unbitten; but come down
always, accompany me to the morass
of the decaying mind. There
we'll share one rotted stump between us.

DAS REHKITZ

Von der Wiese hoch oben, wo die Blumen
über den Wolken blühn, komm herab;
zwinge mich, den Grund zu finden, weshalb ich ohne
Arglist lächeln soll.

Bring mir den gemimten Stolz wie den des Föhrensämlings,
die Überraschung über die perfekten Stämme
und Fragen unberührt von Erkenntnis oder Angst
gesammelt in tiefen Augen.

Komm herab durch Bereiche, wo Felsen
sich durch den heißen Dunst vor Schmerz erheben;
hinunter zu verdunkelten Stellen, durchkreuzt
vom Riss im Todesschock; mache
einen sauberen Hufabdruck auf dem zertrampelten Boden
wo weder Blatt noch Wurzel
vom Verbiss verschont ist; aber komm immer
herab, begleite mich zum Morast
des verfallenden Geists. Da
wollen wir einen verfaulten Baumstumpf teilen.

IN PRAISE OF POTTED PLANTS

With the wet snow that falls
before the beginning of spring,
the dark flowers put forth buds
in hearts which expect nothing.

Bring only flowers
into the invalid's chamber.
Let no squirrel intrude
and although a marmot
raise unanswerable questions
he does so without dignity.
He nibbles (God help him!)
at his tragedy.

Bring humorless flowers
to complement those we imagine
dark in the heart. Surround us
with the grave perfume of plants.

LOB DER TOPFPFLANZEN

Beim Nassschnee, der
vor dem Frühlingsanfang fällt,
bringen die dunklen Blumen Knospen hervor
in Herzen, die nichts erwarten.

Stellt Blumen nur
ins Krankenzimmer.
Lasst kein Eichhörnchen herein
und obwohl ein Murmeltier
unbeantwortbare Fragen stellt
macht es das ohne Würde.
Es nascht (helf ihm Gott!)
an seinem Unglück.

Bringt humorlose Blumen
zur Ergänzung derer die wir
uns dunkel im Herzen vorstellen. Umgebt uns
mit dem feierlichen Parfüm der Topfpflanzen.

REAL ESTATE

In late May the grasses
are so tall their plumy
waving tops conceal
a sign saying FOR SALE

by Whitfield Bros. The fields
that lately pastured mules
have now become "homesites"
with "riverviews" but still

are rich in clover, lupine,
vetch—rank flowering weeds
fragrant and peaceful, rustling
above wires laid underground.

IMMOBILIEN

Ende Mai ist das Gras
so hoch, dass seine federähnlichen
Spitzen eine Tafel verbergen
worauf ZU VERKAUFEN steht

bei den Gebrüdern Whitfield. Die Wiese
auf der bis vor kurzem Maulesel weideten
ist jetzt „Heimgrund“ geworden
mit „Blick auf den Fluss“, ist aber

noch immer reich an Klee, Lupinen,
Wicken – mit üppigem Blühen des Unkrauts
wohlriechend und friedlich, rauschend
über im Boden verlegte Kabel.

PICTURE WINDOW

The gulls by day, the moon by night
pass and repass the window, weaving time;
opposite, the clock ticks; I move between.
The mailbox watches by the roadside.

The window trembles in its frame
and hums, tuned by the thundering of jets
concealed in cloud. On the river a tugboat
seems motionless with its slow load.

Rain spatters on the glass and smears
the view; sun drenches the drawn curtains.
I wait and watch. A rabbit in the rosebed
completes a corner of the afternoon.

DAS PANORAMAFENSTER

Die Möwen bei Tag, der Mond bei Nacht
kommen und gehen am Fenster vorbei, weben die Zeit;
gegenüber tickt die Uhr; ich bewege mich dazwischen.
Der Briefkasten am Straßenrand hält Wache.

Das Fenster zittert im Rahmen
und summt, den Ton abnehmend von den in den Wolken
verborgenen
Düsenflugzeugen. Auf dem Fluss scheint der Schlepper
stillzustehen mit seiner langsamen Fracht.

Der Regen bespritzt das Glas und verschmiert
die Aussicht; die Sonne begießt die gezogenen Gardinen.
Ich warte und beobachte. Ein Kaninchen im Rosenbeet
vervollständigt eine Ecke des Nachmittags.

THE SOLITARY

The lone drake, upended,
nibbles the pond bottom,
red legs paddling the air.

He sleeps on the rock wall
by the spillway, balanced
on one foot, head hidden.

In the shadowed shallows
under sycamore boughs
the encircling ripples

have one center: himself.
Intruders, including
mallards of his own race,

beautiful strangers, drive
him to frenzied attack,
quacking, snapping, churning

the pond. When they have gone
bright wavelets unbroken
to the rim spread round him.

DER EINSAME

Der Enterich, Kopf unter dem Wasser,
knabbert am Grund des Teichs,
die roten Füße paddeln in der Luft.

Er schläft auf der Steinmauer
beim Überlauf, balancierend
auf einem Fuß, den Kopf versteckt.

In der schattigen Untiefe
unter den Ahornästen
haben die sanften kreisrunden Wogen

einen einzigen Mittelpunkt: ihn allein.
Eindringlinge, einschließlich
die Stockenten seiner eigenen Rasse,

die herrlichen Fremden, treiben
ihn an zum rasenden Angriff,
er quakt, schnappt, wühlt

den Teich auf. Wenn sie weg sind
verbreiten sich um ihn
kleine bis an den Rand ungebrochene helle Wellen.

PROBABLY NOBODY

Twenty crows
(charred paper)
litter the
frosted ground.

Small yellow
apples gleam
nakedly through
bare twigs.

Who'll buy red
rose haws white
snowberries

or a crane
mirrored in
slough water?

WAHRSCHEINLICH NIEMAND

Zwanzig Krähen
(verkohltes Papier)
verunstalten den
gefrorenen Boden.

Kleine gelbe
Äpfel funkeln
nackt durch
kahle Zweige.

Wer kauft rosa
Rotdornbeeren, weiße
Schneebeeren

oder einen Kranich
der sich im Sumpfwasser
spiegelt?

A PICTURE OF THE MOON

Photography has laid a waste
of sand over the last outpost.
Mythology is displaced.

No longer will Chinese magicians
swinging in space on silken belts
alight upon the lunar coast

and toast Heng O in elixir.
Her dancers in the rainbow silks
are, with the peach trees, lost.

The snowy Tiger of the West—
oh, where is he? And where
the Cassia Tree? the Toad of Time?
All now are lunar dust.

EINE AUFNAHME DES MONDS

Die Photographie hat eine Sandwüste
über den letzten Vorposten gelegt.
Die Mythologie ist eine Vertriebene.

Nie mehr werden chinesische Zauberer
an Seidenbändern im All schaukeln
hoch über der Mondküste

und Heng O mit Elixier zutrinken.
Ihre Tänzer in regenbogenfarbiger Seide
sind, mit den Pfirsichbäumen, verschwunden.

Der Schneetiger des Westens –
oh, wo ist er? Und wo
der Kassidenbaum? die Unke der Zeit?
Alle sind sie nun Mondstaub.

WINE SHIP

A mast askew in the surf,
wood of another climate
bedded forever in half-liquid sand.

The sharp-eared foreigner
struggling out of the sea-wrack
felt his flesh wither in the cold winds of this coast.

Here were no myrtle groves,
no familiar shrines,
only the splintered casks and the sweet wines
spilt in the sea.

Here were no grapes,
but bitter berries grew in the marsh.

Here was no moss,
but sea worn logs and the harsh
grass on the dune top.

In this forlorn meeting of sea and land
mirth is lost over the stormy water
and the sand
lies suddenly cold under the hand.

From this shore an exile learns
to keep where a fire burns,
but there is no disguise

DAS WEINSCHIFF

Ein krummer Mast in der Brandung,
Holz aus einem anderen Klima
ewig gebettet in halbflüssigen Sand.

Der Fremde mit scharfem Ohr
der sich aus dem Seetang kämpfte
spürte, wie sein Leib verkümmerte in diesem kalten
Küstenwind.

Hier gab es keine Myrtenhaine,
keine vertrauten Heiligtümer,
nur die zersplitterten Fässer und den süßen Wein
verschüttet im Meer.

Hier gab es keine Trauben,
aber bittere Beeren wuchsen im Ried.

Hier gab es kein Moos,
aber vom Meer verwitterte Baumstämme und das raue
Gras auf dem Dünenkamm.

In diesem hoffnungslosen Treffen von Meer und Land
geht die Freude verloren über dem stürmischen Wasser
und der Sand
liegt plötzlich unter der Hand.

Von dieser Küste lernt ein Verbannter
zu bleiben wo ein Ofen ist,
aber es gibt kein Versteck

in small hand or white throat
when still by night a disturbing rhythm returns
from groves forgotten.

When the long eyelids are lifted
suddenly, outlandish lights appear
in the woman's eyes: we think we hear
the tap of hidden hooves
somewhere in our closed corridors.

in kleiner Hand oder weißer Kehle
wenn nachts noch immer ein störender Rhythmus
wiederkehrt
aus vergessenem Gehölz.

Wenn die langen Augenlider sich heben
erscheint plötzlich fremdartiges Leuchten
in den Augen der Frau: wir glauben wir hören
den verborgenen Hufschlag
irgendwo in unseren verschlossenen Gängen.

BLOOD RITUAL

Pestilence, violence, distress attendant
on the sharpening seasons
are part of us and our incessant commotion.
The tree stems offer no remonstrance.
Does she who stood between them
wait underground for peace again
as though the lilac should not bloom while hunger lasted?
Or is our passion acceptable as rain?

The pulp that swells the green skin of the grape
is hard in its unripeness, indicating
a time before the violet eyes trembled
and the flesh knew its hunter.
The frozen mountain, falling as the road falls
behind the scarlet leaf-burn of this season
refers to it and to the curtains of quiet.
She will have a loveless peace then.

Adoring her in all her manifestations,
I think how Apollo without his sacrifice
has lost his godhead. The flower will not sing on its stem,
nor the fruit utter a cry as it falls.
Why should not the flesh of the innocent
while it endures, smoke on her altars?

DAS BLUTOPFER

Seuchen, Gewaltverbrechen, Sorgen im Zusammenhang
mit den verschärften Jahreszeiten
sind ein Teil von uns und unserer ständigen Beunruhigung.
Die Baumstämme organisieren keine Proteste.
Wartet sie, die zwischen ihnen stand
im Untergrund auf neuen Frieden
wie wenn der Flieder während des Hungers nicht blühen
sollte?
Oder ist unser Einsatz wie Regen anzunehmen?

Das Fruchtfleisch, das die grüne Haut der Traube anschwellt
ist hart in der Unreife, verweisend
auf eine Zeit bevor die veilchenblauen Augen bebten
und das Fleisch seinen Jäger kannte.
Die vereisten Berge, die fallen wie die Straße fällt
hinter dem knallroten Blätterbrand dieser Jahreszeit
verweisen darauf und auf die Gardinen der Stille.
Sie hat dann einen lieblosen Frieden.

Sie wird in allen Erscheinungsformen bewundert,
ich denke daran, wie Apollo ohne sein Opfer
seine Göttlichkeit verloren hat. Die Blume wird auf ihrem
Stiel nicht singen,
auch die Frucht wird im Fallen keinen Schrei ausstoßen.
Warum sollte das Fleisch der Unschuldigen
solange es noch da ist, nicht auf ihrem Altar qualmen?

LETHE

Above the brink
of that lamentable river I shall lean,
hesitant, unwilling to drink,
as I remember there for the last time.

Will a few drops on the tongue,
like a whirling flood submerge cities,
like a sea, grind pillars to sand?
Will it wash the color from the lips and the eyes
beloved? It were a thousand pities
thus to dissolve
the delicate sculpture of a lifted hand,
to fade the dye
of the world's color, to quench forever
the fires of earth in this river.

The living will forget
more quickly than I,
dead, lingering with lips unwet
above Lethe.

LETHE

Über den Rand
jenes jammervollen Stroms werd ich mich lehnen,
unschlüssig, nicht willens zu trinken,
weil ich mich dort zum letzten Mal erinnere.

Werden ein paar Tropfen auf der Zunge,
wie eine Flutwelle Städte unter sich begraben,
wie ein Meer, das Säulen zu Sand zermahlt?
Werden sie die Farbe von Lippen und Augen wegwischen
die geliebten? Es wäre jammerschade
so auszulöschen
die zarte Skulptur einer erhobenen Hand,
die Farbstoffe
der bunten Welt, für immer zu löschen
die Feuer der Erde in diesem Fluss.

Die Lebenden vergessen
schneller als ich,
tot, mit nicht befeuchteten Lippen
über Lethe.

NACHWORT

Die Amerikanerin Mary Ethel Barnard wurde geboren am 6. Dezember 1909 in Vancouver, das nicht verwechselt werden darf mit der kanadischen Großstadt. Ihr Geburtsort liegt im nordwestpazifischen Staat Washington, für die Ostküstenamerikaner damals noch ein kulturloses Pioniergebiet, in dem vor allem Riesenmengen von Holz geschlagen wurden. Da ihr Vater Holzhändler war, fuhr das Einzelkind Mary oft mit ihm zu den abgelegenen Sägemühlen in den Wäldern längs des Columbia Rivers. Die Ferien verbrachte die Familie in Ocean Park, auf der Long Beach-Halbinsel, die sich erstreckt vom Cape Disappointment bis zur Willapa Bay. Hier entstand ihre enge Beziehung zu Sand und Meer.

Von 1928 bis 1932 studierte sie am über dem Columbia-Fluss in Oregon gelegenen Reed College in Portland, wo, im Gegensatz zu den meisten anderen Universitäten, schon Kurse in zeitgenössischer Literatur angeboten wurden. Schon hier wurde sie vertraut mit Gedichten von Ezra Pound und den Grundsätzen der Imagisten. Wie nur wenige ihrer Kommilitonen studierte sie auch Griechisch. Auf ihren Strandwanderungen in Ocean Park pflegte sie Homer und Sappho vor sich hin zu rezitieren. Eine solche Vertrautheit mit Griechisch hatte sonst niemand unter ihren dichterischen Zeitgenossen. Als Abschlussarbeit durfte sie Gedichte einreichen, da es am Reed College schon so etwas wie „Creative Writing“-Seminare gab. Ihre Professoren wollten sie sogar vom Schreiben gereimter Verse abbringen. Nach dem Studium bildete sie in Vancouver einen Klub, in dem Ezra Pound und T. S. Eliot die Hauptthemen waren. Natürlich blieb das Holzgeschäft ihres Vaters vom großen Börsencrash von 1929 und der darauffolgenden Wirtschaftskrise nicht verschont. Die einzige bezahlte Arbeit, die Mary finden konnte, war, während fast drei Jahren, als Sachbearbeiterin für Bezüger von Sozialhilfe. Im Jahr 1933 fasste sie den Mut, sechs ihrer Gedichte zur Begutachtung an Ezra Pound zu schicken, dessen Rapallo-Adresse sie in *Who's Who* gefunden hatte. In seiner prompten Antwort wollte Pound wissen, ob sie wirklich bereit sei, hart an ihrer Verskunst zu arbeiten. Da dies Marys Absicht war, entstand zwischen ihr und Pound ein reger Briefwechsel, der leider noch nicht als Ganzes veröffentlicht ist. Pounds Auftrag an Barnard war, die griechische Metrik in die amerikanische Lyrik einzuführen, was sogar Pounds bevorzugter Homer-Übersetzer, W. H. D. Rouse (1863–1950), für unmöglich hielt. Erst in Barnards viel bewunderter Sappho-Übertragung (1958) gelang es ihr, einen Abglanz davon hinüberzubringen.

1935 erschienen in der führenden Lyrik-Zeitschrift *Poetry* (Chicago) „Shoreline" („Die Strandlinie") und noch weitere Gedichte, worauf ihr der von *Poetry* verliehene Levenson-Preis zugesprochen wurde. Das Preisgeld und Erspartes ermöglichten ihr jetzt, die ihr von Pound empfohlene Reise ins Zentrum des damaligen Kulturbetriebs: New York. Von den mannigfaltigen Kontakten wurde der zu William Carlos Williams (1883–1963) zum bedeutendsten, weil er Pounds Gegenpol war und von der amerikanischen Lyrik verlangte, dass sie im wirklichen Idiom des amerikanischen Alltags geschrieben werde.

Glücklicherweise bekam Barnard 1936 und 1938 eine Einladung zum Sommeraufenthalt in der Künstlerkolonie Yaddo in Saratoga Springs, New York. Ansonsten brachte sie sich durch mit Gelegenheitsjobs, sogar mit Babysitting. Das änderte sich im Sommer 1939, als Ezra Pound in New

York erschien und Mary Barnard im MoMA (Museum of Modern Art) mit Iris Barry (1895–1969) bekannt machte, die ehemals in London Pounds Dichterschülerin gewesen war. Ihr gelang es, Barnard zu empfehlen für die Stelle als erste Kuratorin des Lyrikarchivs an der Universität von Buffalo. Diese Arbeit offenbarte ihr aufs anschaulichste, wie vergänglich in so vielen Fällen Lyrik ist. Wie das Gedicht „Begegnung in Buffalo" zeigt, hatte sie aber auch Heimweh nach den Bergen und Schluchten am Columbia River.

Inzwischen erschien bei New Directions unter dem Titel „Cool Country" eine Auswahl von Barnards Gedichten im Sammelband *Five Young American Poets* (1940), in dem sie die einzige Frau war. Nach dem Verlassen ihrer Stelle in Buffalo, zog sie nach New York City zurück, wo sie in den nächsten sieben Jahren literarische Arbeiten übernahm, vor allem für den Benjamin Franklin-Biographen Carl Van Doren (1885–1950). Ihr Versuch, einen Roman zu schreiben, scheiterte. Ihre kurze Prosa wurde jedoch von Zeitschriften angenommen. Sie war unter den Besuchern von Ezra Pound in der St. Elizabeths-Klinik. 1949 unternahm sie die für sie von Pound geplante Italienreise. Nach der Rückkehr schlug ihr Pound vor, ein Buch über italienische Fresken zu verfassen, wofür sie leider keinen Verleger interessieren konnte.

Seit ihr Vater 1949 ein Drittel seines Vermögens ihr übermacht hatte, war Mary Barnard nun finanziell in der Lage, manche Europareise zu unternehmen. Zwei fast tödliche Viruskrankheiten, die erste in New York, die zweite in Vancouver, gleich nach ihrer Rückkehr, unterbrachen monatelang ihre literarische Tätigkeit. Man darf wohl sagen, dass Quasimodos *Lirici greci*, das Bändchen, das D. D. Paige (1918–1983), der Herausgeber von Pounds Briefen (1907–1941), ihr zuschickte, zur Auferstehung des Dichtergeistes in Mary

Barnard wesentlich beigetragen und ihre Sappho-Übersetzungen hervorgebracht hat.

Obwohl ihre gesammelten Gedichte *(Collected Poems)* erst 1979 erschienen, wurde sie schon im Jahr zuvor von ihrem College zum Ehrendoktor ernannt. 1982 kamen noch die Ehrung durch den Gouverneur des Staates Washington und der Mary Sarton-Preis hinzu. Schon 1966 brachte die Ohio University Press ihr anti-C. G. Jung-Buch, *The Mythmakers*, heraus. Der Essay in Versen, *Time and the White Tigress*, erschien 1986 und das Buch, das sich mit der Herkunft ihrer Familie beschäftigt, *Nantucket Genesis: The Tale of My Tribe*, 1988. Das aufschlussreichste Werk, das Mary Barnard hinterlassen hat, ist jedoch das auf der südtiroler Brunnenburg in der Gesellschaft von Ezra Pounds Tochter geschriebene Erinnerungsbuch *Assault on Mount Helicon* (Ansturm auf den Musenberg). Dass *Sappho: A New Translation* und *Assault on Mount Helicon* von der University of California Press verlegt wurden, ist dem mutigen Verlagsdirektor, August Frugé (1910–2004), zu verdanken, der auch noch C. F. Terrells *Guide to the Cantos of Ezra Pound* betreut hat.

Die in diesem Buch veröffentlichten Gedichte sind eine Auswahl aus dem 1979 erschienen Band *Collected Poems* (Breitenbush Publications, Portland, Oregon). Die Mehrzahl davon nimmt Bezug auf die Gegend, in der Mary Barnard aufgewachsen ist: die Schluchten, Berge und Wälder am Columbia River und das Meer und die Dünen um Ocean Park. Das einzige Gedicht, das ironisch mit radikaler Politik zu tun hat, ist „Brief aus Byzanz." Bei den zwei Gedichten, die mit „Zwei Besuche" betitelt sind, muss man wissen, dass mit „E. P." Ezra Pound gemeint ist, mit „Possum" T. S. Eliot, und dass Martinsbrunn bei Meran liegt und Sant'Ambrogio bei Rapallo. Der Gedichttitel „Anadyomene" bedeutet „aus dem Meer geboren." Die griechische Zeile in „Sturm" ist Vers 177 in *Oedipus Rex* von Sophokles und lautet auf Deutsch: „zum Strand des Abendgottes".

Wer weiteres über diese Gedichte erfahren möchte, sei auf die Monographie von Sarah Barnsley verwiesen: *Mary Barnard: American Imagist* (State University of New York Press, 2013). Zur Zeit sucht die von Sarah Barnsley betreute Ausgabe von Mary Barnards „Complete Poems" noch einen Verleger.

5 Auf ihrem heißgeliebten pazifischen Strand 1996

INHALT

MIX
Papier | Fördert gute Waldnutzung
FSC® C083411

Zeitfracht Medien GmbH
Ferdinand-Jühlke-Straße 7
99095 Erfurt, Deutschland
produktsicherheit@kolibri360.de

Druck:
CPI Druckdienstleistungen GmbH
im Auftrag der
Zeitfracht Medien GmbH
Ein Unternehmen der Zeitfracht - Gruppe
Ferdinand-Jühlke-Str. 7
99095 Erfurt